Walross
Papageitaucher
Packeis entsteht
aus gefrorenem
Meerwasser.

Auf der Eiskappe des Nordpols ist es bitterkalt: An manchen Tagen bis zu -40°C! Bären und Robben werden durch ihren Pelz und eine dicke Fettschicht warmgehalten. Um ihre Jungen vor Wind und Kälte zu schützen, graben sie sich im Schnee ein. Im Wasser ist es mit 1,5°C beinahe warm. Dort suchen sie nach Nahrung. Aber sie sind nicht allein im eisigen Atlantik. Vorsicht: Auch andere haben Hunger!

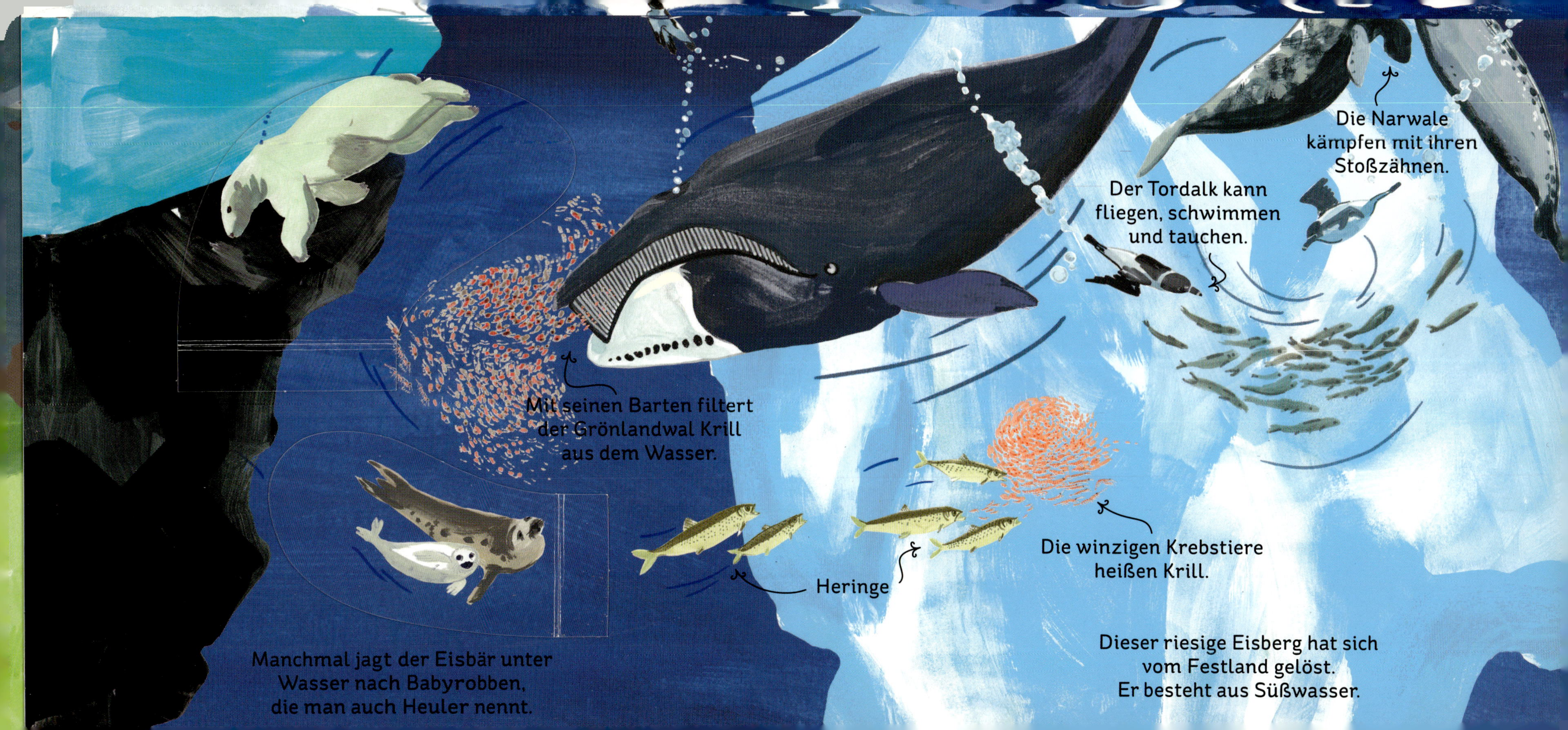
Die Narwale kämpfen mit ihren Stoßzähnen.
Der Tordalk kann fliegen, schwimmen und tauchen.
Mit seinen Barten filtert der Grönlandwal Krill aus dem Wasser.
Die winzigen Krebstiere heißen Krill.
Heringe
Manchmal jagt der Eisbär unter Wasser nach Babyrobben, die man auch Heuler nennt.
Dieser riesige Eisberg hat sich vom Festland gelöst. Er besteht aus Süßwasser.

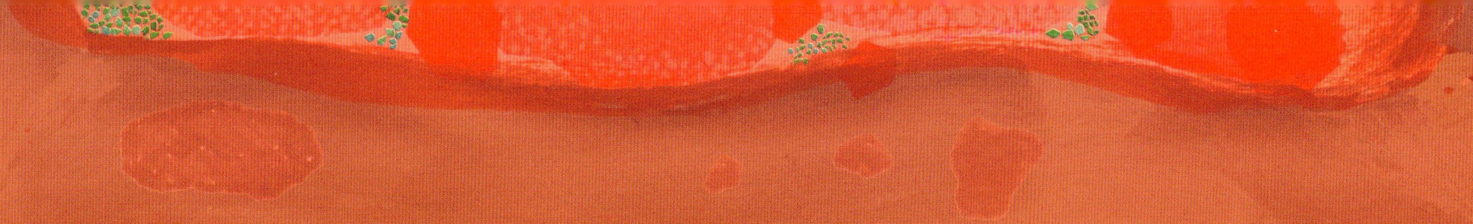

Unter der Erdkruste liegt der Erdmantel aus sehr heißem und teilweise geschmolzenem Gestein.

Unter dem Vulkan brodelt es! Magma ist heißes, geschmolzenes Gestein. Es ist zähflüssig wie Honig und steigt aus den Tiefen der Erde nach oben, indem es sich in Risse zwischen den Gesteinsschichten schiebt. Dabei transportiert es Gestein und manchmal sehr schöne Kristalle. Unter dem Druck der enthaltenen Gase kann Magma blitzschnell zur Erdoberfläche hochschießen. Wenn es durch ein Loch, das man Krater nennt, austritt, kommt es zum Vulkanausbruch. Glühendheiße Lava und Gesteinsbrocken werden in die Luft geschleudert. Das ist für Menschen und Tiere gefährlich.

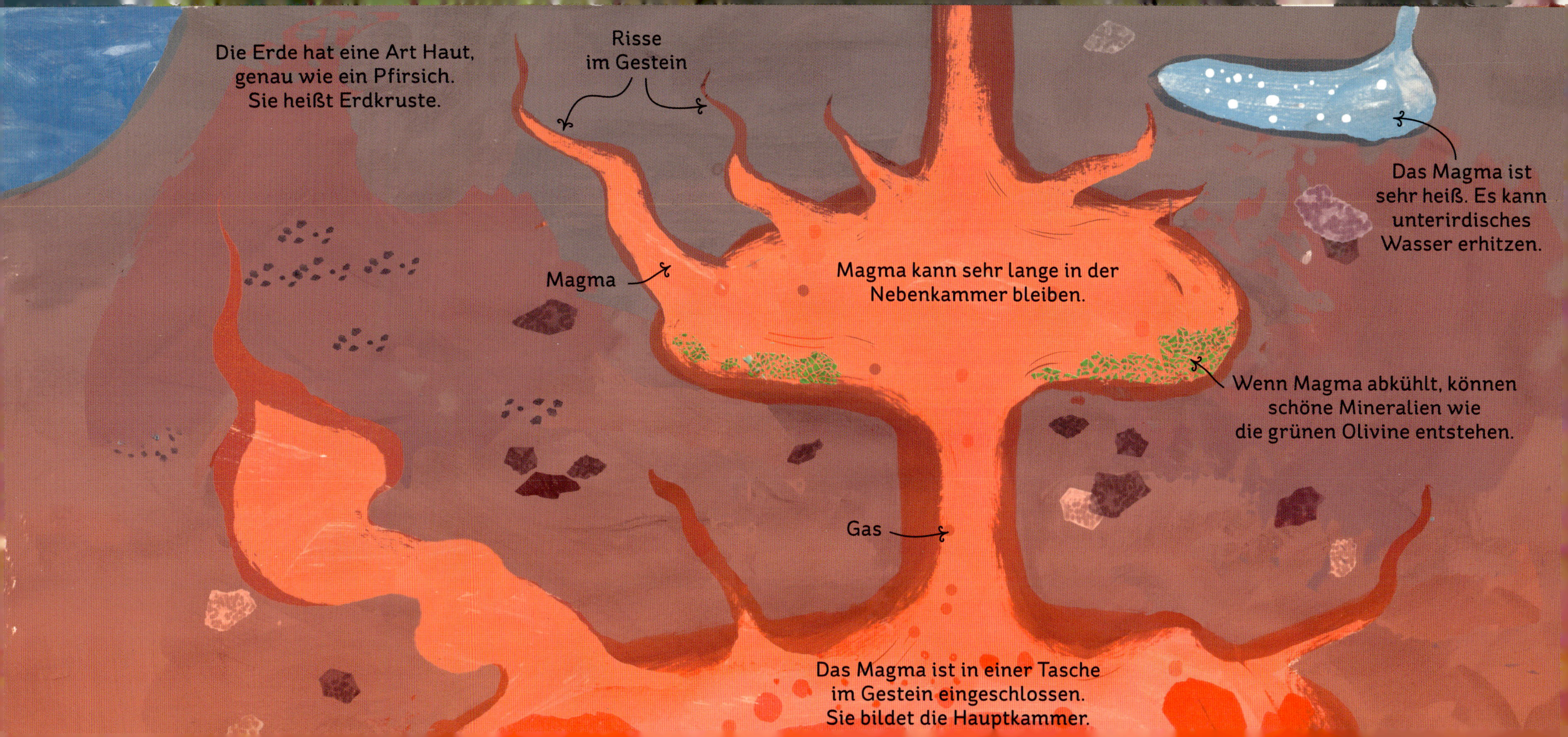
Die Erde hat eine Art Haut, genau wie ein Pfirsich. Sie heißt Erdkruste.
Risse im Gestein
Das Magma ist sehr heiß. Es kann unterirdisches Wasser erhitzen.
Magma
Magma kann sehr lange in der Nebenkammer bleiben.
Wenn Magma abkühlt, können schöne Mineralien wie die grünen Olivine entstehen.
Gas
Das Magma ist in einer Tasche im Gestein eingeschlossen. Sie bildet die Hauptkammer.

Unter der Insel

Fliegender Fisch

Schwimmen Inseln im Meer? Nein! Inseln sind Felsen, die aus dem Wasser ragen. Sie sitzen auf dem Meeresgrund, also der Erdkruste. Viele Inseln sind Vulkane, die so groß geworden sind, dass sie die Wasseroberfläche erreicht haben. Einige sind erloschen, andere sind noch sehr aktiv. Auf manchen leben Tierarten, die man nirgends sonst auf der Erde findet, da sie die Inseln nicht verlassen können. In warmen Meeren finden Fische, Krebstiere und Muscheln Unterschlupf in Höhlen und zwischen Korallen. Zuweilen sind sie so zahlreich, dass es Tauchern vorkommt, als wären sie in einem Aquarium.

Mantarochen
Spinnerdelfin
Feuerkorallen
Die Muräne lauert mit offenem Maul auf ihre Beute und schnappt blitzschnell zu.
Seeigel
Qualle
Flügel-
schnecke
Papageifisch
Weißer Hai
Meeraal
Seepferdchen
Trompetenfisch
Barrakuda
Zackenbarsch
Königslanguste

In der Wüste

Das Meer aus Sanddünen heißt Erg. Weite Kiesebenen in der Wüste werden Reg genannt.

Bronze-
natter
Der Wüstenuhu geht erst
nachts auf Jagd nach
Eidechsen und Rennmäusen.
Skorpion
Heuschrecke
Dornschwanzechse

In der Wüste brennt die Sonne unerbittlich. Tagsüber kann es bis zu 70°C heiß werden. Leben ist unter diesen Bedingungen fast unmöglich. Nur hier und da sieht man Eidechsen und Insekten, Skorpione, Schlangen und manchmal Menschen. Nachts ist es kühler und die Wüstentiere wagen sich heraus. Mit dem Morgentau löschen Pflanzen und Tiere ihren Durst. Bei Sonnenaufgang huschen alle zurück in ihr Versteck. In zehn Zentimetern Tiefe ist es im Sand fast schon kühl: Die Temperatur ist um 20°C niedriger.

Der Skink gräbt blitzschnell einen Gang in die Düne und verschwindet. Man nennt diese Echse auch Sandfisch.
Wer wohnt denn wohl in dem großen Erdbau?
Die Spinne lauert auf Beute.
Mit ihren langen Wurzeln erreichen die Pflanzen das tief in der Erde verborgene Wasser.
Die Rennmaus trinkt sehr selten. Das lebensnotwendige Wasser liefert ihre Nahrung aus Samen und Kleininsekten.
Überreste eines Hauses
Dromedar-Skelett
Sandrosen sind Kristallgebilde aus Gips und Sand. Sie bilden sich auf

Orchidee
Die Fledermaus geht nachts auf die Jagd. Sie ernährt sich von Insekten und dem Saft von Früchten.
Das Faultier klettert nur hinunter, um am Boden sein Geschäft zu verrichten.
Der Kolibri taucht mit seinem Schnabel in die Blüten, um Nektar zu saugen.
Baumviper
Blauer Morpho
Unterholz
Der Leguan ernährt sich von Blättern und Früchten.
In der Abenddämmerung jagt der Jaguar kleine Säugetiere.
Die Haut dieses Baumsteigerfroschs ist giftig.
Ameisenhaufen

Im Regenwald

Manche Laubfrösche legen ihre Eier in Wasserpfützen, die sich in Blattmulden gebildet haben.

Wenn auf den Ästen tote Blätter verrotten, kann sich Humus bilden: fruchtbare Erde in luftiger Höhe.

Blattschneider-
ameisen
sammeln Blätter